AF368512

HISTORIA DE UNA FIV...
Y ALGUNA MÁS

ExLibric

TAMARA COSANO CANTOS

HISTORIA DE UNA FIV...
Y ALGUNA MÁS

EXLIBRIC

ANTEQUERA 2022

HISTORIA DE UNA FIV... Y ALGUNA MÁS
© Tamara Cosano Cantos
© de la imagen de cubiertas: Ignacio Belda *(Rosas y cicatrices)*
Diseño de portada: Dpto. de Diseño Gráfico Exlibric

Iª edición

© ExLibric, 2022.

Editado por: ExLibric
c/ Cueva de Viera, 2, Local 3
Centro Negocios CADI
29200 Antequera (Málaga)
Teléfono: 952 70 60 04
Fax: 952 84 55 03
Correo electrónico: exlibric@exlibric.com
Internet: www.exlibric.com

Reservados todos los derechos de publicación en cualquier idioma.

Según el Código Penal vigente ninguna parte de este o
cualquier otro libro puede ser reproducida, grabada en alguno
de los sistemas de almacenamiento existentes o transmitida
por cualquier procedimiento, ya sea electrónico, mecánico,
reprográfico, magnético o cualquier otro, sin autorización
previa y por escrito de EXLIBRIC;
su contenido está protegido por la Ley vigente que establece
penas de prisión y/o multas a quienes intencionadamente
reprodujeren o plagiaren, en todo o en parte, una obra literaria,
artística o científica.

ISBN: 978-84-19269-76-8
Depósito Legal: MA 1050-2022

Nota de la editorial: ExLibric pertenece a Innovación y Cualificación S. L.

TAMARA COSANO CANTOS

HISTORIA DE UNA FIV…
Y ALGUNA MÁS

Dedicado a ti,
que no pudiste o no quisiste ser madre.

Dedicado a mis tres estrellas,
que me salvaron la vida.

Un sueño hecho realidad

Desde que tuve uso de razón solo soñaba con dos cosas: encontrar al marido perfecto y ser madre. A veces estaba en casa de mi madre y, mientras fregaba los platos, me imaginaba que estaba en mi casa, con mi marido. Me encantaba dejarlo todo perfecto, me imaginaba cómo sería el día en que él llegara a casa, me abrazara y me preguntase cómo me había ido el día, cenar juntos, ver una película juntos e irnos a la cama juntos. Tuve varios amigos, y digo «amigos» porque no tuve novio hasta que llegó él, hasta que lo vi aquel 14 de agosto; ahí supe que ese era el hombre con el que desde pequeña había soñado. No fue fácil, vivíamos en ciudades distintas e, incluso, había ocho años de diferencia que lo ponían un poco más difícil, pero lo conseguimos. Aquel amor era desmedido, un amor que hacía que cada vez que me acordaba de él, revolotearan millones de mariposas en mi estómago, por no decir cuando llegaba el momento de verlo. Es una explosión que todo el mundo debería experimentar alguna vez en su vida.

Me casé con mi príncipe azul, y fue el día más feliz —hasta entonces— de mi vida. Tenía veintiséis años. Tres años antes ya habíamos convivido juntos.

No fue fácil dejar a mi familia en Barcelona y venirme a vivir a mil kilómetros con mi maravilloso novio, al que apenas conocía en la intimidad. Nuestros encuentros fueron de fines de semana y vacaciones durante unos cuatro años, hablábamos todos los días, pero no era suficiente como para llevar una relación «normal». De repente me encontraba en una casa preciosa con un novio perfecto, pero sola, sin mi familia. Los que deberían haber sido los días más felices de mi vida fueron días de llanto, de tristeza, de añoranza, de miedo, de incertidumbre…

Como anécdota diré que, al ir al baño, abría el grifo del lavabo para que no pudiese escuchar el chorrito de pipí porque me daba vergüenza. Me daba terror despertarme por las mañanas y que me viese recién levantada, porque pensaba que a lo mejor se desenamoraría. Bendita inocencia.

Para entonces lo único que me atormentaba era que él se enamorara de otra mujer, que me dejara después de todo el sacrificio que yo había hecho y estaba haciendo por estar ahí con él. Tenía miedo a que me dejara el hombre al que amaba con toda mi alma por encima de cualquier cosa.

Su trabajo era y es de viajar, de ir y venir, de subirse a un escenario a cantar y que al bajar haya chicas esperando para pedirle un autógrafo, al igual que hice yo; eso me hacía sufrir enormemente. Intentaba ocultar mis impulsos de celos, pero son una cosa que no se puede camuflar. No voy a decir que fuese fácil, al contrario, fue muy difícil para mí, que los sufría por dentro, y para él, pues más de una vez —por no decir muchas— le hice la vida imposible. Jamás pensé que querer a alguien de esa manera me llevara a sufrir tanto, y todo por mi culpa, cierto, porque me imaginaba cosas que no eran, porque mi cabeza iba por delante y no sabía cómo controlar todo aquello, aun sabiendo que podía perderlo, y eso era lo peor que me podía pasar en la vida, me aterraba.

Recuerdo una de las primeras veces que salíamos juntos. Íbamos en su coche, era de noche y vi una estrella fugaz. Le pedí un deseo: casarme con él. Después de aquel día, cada vez que tenía la suerte de ver una estrella fugaz, le pedía siempre lo mismo: casarme con él, casarme con él, casarme con él. Es por eso que ese 28 de abril de 2007 fue el día más feliz de mi vida. Cuando salí de la iglesia ese día, me miré la mano y vi la alianza, puedo asegurar que yo era la mujer más feliz de todo el planeta.

Él siempre estuvo ahí, a pesar de mis ataques de celos, de mis inseguridades, de mis ansiedades; siempre estuvo ahí. Pasamos crisis, claro, unas duraron más y otras menos, pero conseguimos salir victoriosos siempre. Al final el amor siempre triunfaba y seguíamos caminando juntos. Yo me hacía una y otra vez el mismo propósito, a veces lo conseguía y otras no, pero reconozco que fui poco a poco mejorando esa baja autoestima y queriéndome cada vez un poquito más.

Yo con mi trabajo y él con el suyo, ese trabajo del que también me enamoré, porque me enamoré de su persona y de su persona artista. Siempre digo con mucho orgullo que para mí era inseparable una cosa de la otra. Lo admiraba profundamente. Una de las cosas que más feliz me hacía era verlo subir a un escenario, cantar, hacer lo que más le gustaba, y estar yo ahí, eso me hacía ser una diosa a su lado.

Todo lo concerniente a mi trabajo y a mi vida quedaba en un segundo plano para que él estuviese pleno, pero nadie me lo exigía ni me lo pedía, era yo la que decidí que así fuese, porque cada una es feliz como quiere, y yo así lo era. Él estaba por encima de cualquier cosa, él y todo su mundo.

Hablando de la maternidad

Llegó el momento de hablar de ser padres. ¡Ay, ay, ay, Dios mío! Iba a poder cumplir otro de mis sueños, ser mamá, pero no a costa de cualquier cosa ni con cualquiera, iba a ser la mamá de sus hijos, y eso me hacía... feliz no, lo siguiente a feliz. No hay palabras para describir aquello.

Empezamos a buscar, sabiendo que no iba a ser fácil, ya que unos años antes me habían diagnosticado endometriosis y me habían extirpado un endometrioma y parte del ovario derecho. Los médicos nos dijeron que sería difícil pero no imposible, así que ya empezábamos con un poco de temor; aun así, algo dentro de mí sabía que tarde o temprano, costase lo que costase, lo íbamos a conseguir. Soñaba con el día de poder darle un hijo, de que fuese el padre de mis hijos. Soñaba con ver su cara cuando viese a su hijo por primera vez, soñaba viéndolo educarlos, soñaba, soñaba, soñaba... Siempre él.

Efectivamente, se nos puso difícil la cosa. Después de casi un año de intentarlo y no quedar embarazada, decidimos ir al médico. Nos hicieron pruebas y todo estaba bien, tanto por su parte como por la mía. Eso me asustó, porque yo iba con la esperanza de que me dijesen qué problema había para así ponerle solución, pero si todo estaba bien, ¿por qué no me quedaba embarazada?

No fui a un médico, fui a trescientos. Y todo estaba bien. Lo único que me vieron es que tenía dos úteros. Me dijeron que era una malformación de nacimiento, pero que aquello no me impedía quedarme embarazada, solo que cuando lo estuviera sería un embarazo de alto riesgo y, con mucha probabilidad, prematuro, pero el embarazo no lo impedía.

Nos apuntamos a la lista de espera de reproducción asistida y no tardaron en llamarme. Recuerdo esa llamada, recuerdo el grito que pegué justo después de colgar el teléfono. Ahí sí iban a dar con la tecla, cada vez veía más cerca mi sueño de ser madre.

Nos hicieron todo tipo de pruebas y todo estaba fenomenal, a excepción de los dos úteros, pero, como digo, eso no era un problema. Me hicieron resonancia, histeroscopia, histerosalpingografía, analíticas de todo tipo y, como todo estaba bien, nos citaron para la primera *in vitro* (FIV). La inseminación no se la plantearon por aquello del doble útero, por eso nos mandaron directamente a FIV.

La persecución del éxito

La primera vez pasé mucho miedo, era miedo a lo desconocido, pero a la vez iba muy ilusionada, ya que había leído que muchas mujeres lo conseguían a la primera, y ¿por qué yo no iba a ser una de ellas?

El proceso fue caótico, me tenía que pinchar en la barriga durante quince días seguidos. ¡¡¡Me tenía que pinchar yo!!! Para el primer pinchazo creo que tardé como una hora con el pellizco cogido y la aguja dispuesta a entrar, pero no tenía valor. Finalmente, cerré los ojos y me dije: «Tú puedes y has podido con todo, y esto no va a ser menos». Así que me puse mi primera «banderilla». Con la segunda tardé un poco menos, alrededor de media hora. La tercera me costó quince minutos y las siguientes me las ponía ya como si nada. Entre tanto, me iban haciendo controles cada tres o cuatro días para controlar que mi cuerpo iba generando óvulos y todo iba bien. Iba fenomenal, tanto es así que tuvieron que bajarme la dosis de medicación porque estaba generando más óvulos de la cuenta y había riesgo de una hiperestimulación ovárica, y eso podría ser peligroso.

Los chutes hormonales fueron bestiales. Fueron días de muchos altibajos, de llorar, de reír, de enfadarme con el mundo, de reconciliarme… Mis miedos y mis inseguridades crecieron, ya que cuando tienes esos desajustes hormonales, pierdes la noción de lo que es real y de lo que no. Flaco favor me hacía todo aquello, pero, bueno, era por una buena causa y todo era pasajero.

Llegó el día en que me extraían los óvulos y los fecundaban. Entré en quirófano para la extracción. A la vez, mi chico tenía que «sacarse» sus bichitos para, en cuanto mis óvulos estuviesen fuera, inmediatamente fecundarlos. Cuando desperté me dijeron que todo había ido mejor de lo esperado, que me habían sacado veinte óvulos y parecían de buena calidad. Las palabras del médico fueron: «Son muy bonitos». Nos vinimos a casa muy contentos y nerviosos porque al día siguiente nos tenían que llamar desde el laboratorio para decirnos cuántos de ellos habían fecundado y estaban listos para poder implantarlos en el útero.

No dormí, solo quería que amaneciera y me llamaran desde ese número largo para darme la noticia. Llegó el momento. Me habló la chica del laboratorio y me dijo que habían fecundado once y que parecían, de nuevo, de buena calidad, aunque había que esperar dos días más para saber si eran de tipo A, B, C o D. Los A eran los excelentes y por ello tenían un ochenta por ciento de probabilidad de implantación y, por ende, de quedarme embarazada. Los de tipo B eran de buena calidad y tenían un sesenta por ciento de probabilidad de implantación. Los C eran regulares y tenían un treinta por ciento de probabilidad de implantación, y los D eran malos y la probabilidad de implantación era casi nula.

Nos citaron a los dos días para implantarme a mis chiquitines. Llegamos al hospital y nos confirmaron que la mayoría de los óvulos fecundados eran de calidad A, eran «todoterrenos». Nos comentaron que no hizo ni siquiera falta hacer la técnica de FIV, que consiste en coger un espermatozoide e inyectarlo en el óvulo; en este caso, nos explicaron que cogieron los óvulos, pusieron todos los espermatozoides a su «flor» y ellos solitos habían fecundado, sin necesidad de hacer nada más. Mi contestación fue: «Claro, se estaban esperando, estaban deseando encontrarse».

El médico, antes de implantarme los óvulos, habló con nosotros y nos dijo que lo normal era poner dos embriones, pero en mi caso, al tener dos úteros, era mejor poner solo uno, ya que si me quedaba embarazada de dos se podría complicar al tener menos espacio que en un útero normal. Así lo hicimos.

Vi desde el ecógrafo cómo entraba ese embrión en mi útero. Cuando me levanté de la cama del quirófano, no quería ni andar pensando que un mal paso podría hacer que se saliese. Ahora había que esperar catorce días para saber si se había implantado y se había quedado conmigo. Me citaron a los catorce días para hacerme el test de embarazo. Mientras tanto, debía ponerme progesterona vía vaginal tres veces al día, y eso me daba un sueño…, pero lo soportaba encantada.

Esos catorce días se me hicieron catorce años, los días más largos de mi vida, pendiente a cada momento de cualquier molestia, de cualquier pinchazo, leyendo en internet cuáles eran los primeros síntomas de embarazo, hablando con mi embrión. Había veces que me sentía embarazada y otras que no, todo ello derivado de tanta hormona. Estaba desquiciada. Me tocaba la barriga, daba paseos andando despacito, intentaba no estresarme… Tengo que decir que para entonces trabajaba en cardiología y mi jefe me daba la baja para poder hacer el proceso sin estresarme y poder estar tranquila, cosa que le agradeceré siempre.

Los primeros cuatro días bien, pero a partir del quinto ya empiezas a querer sentir algo, porque se supone que para ese día ya ha tenido que implantar. El séptimo, octavo, noveno… fueron una locura, cada cinco minutos iba al baño para ver si me había bajado la regla (de aquí en adelante, la «indeseable») y se había ido todo al garete. Cada vez que iba al baño y veía el papel blanco nuclear, respiraba profundo y seguía con la esperanza de haberlo conseguido.

En esos catorce días hubo de todo: altos, bajos, risas, llantos, unos días me levantaba optimista, otros no… Una montaña rusa de emociones y sensaciones.

Llegó el día catorce y a primera hora estaba allí para hacerme la beta (prueba de embarazo en sangre). Me tenía que ir a casa y durante la mañana me llamarían para decirme si era positivo o negativo. ¡¡¡Qué mañana más larga!!! Ya no sabía qué hacer, estaba desesperada. Al fin llegó la llamada: NEGATIVO. Me quedé en *shock*, no sabía ni qué decir, solo pude preguntarle al doctor: «Pero ¿cómo puede ser?». El doctor solo me dijo que la primera vez era complicado que cuajara, pero como tenía embriones congelados, había que empezar de nuevo. Me dijeron que suspendiera la progesterona para que me bajase la indeseable y, cuando terminase, que fuese otra vez.

Lloré, chillé, pataleé, me enfadé con el mundo. No entendía nada… Y ver la cara de mi marido me acabó de rematar. Su cara de dolor, de tristeza… Ya no sabía si era por el negativo o por verme destrozada. Nunca le pregunté.

A todo esto, tengo que decir que siempre tuve el apoyo de mi familia, y cuando hablo de mi familia me refiero a mis padres y hermanos. También de mis amigos, los de verdad; hay algunos que se quedaron en el camino, como pasa en estas situaciones, porque de copas somos todos muy guais, pero cuando hay que estar, los echas de menos.

Cuando me vino la indeseable —otro día fatídico—, más llanto, más pataleo. Pero bueno, volvíamos a empezar, y esta vez iba a ser sí o sí.

¿Alguna vez va a funcionar?

Llegó la segunda FIV, esta vez de congelados; el tratamiento es parecido, te hormonas hasta las cejas, pero con la diferencia de que no te tienen que dormir en quirófano para extraer los óvulos. Llegó el día de la «transferencia», que es como se le llama a implantarte los embriones en el útero. Ya nos advirtieron que el proceso de descongelación era delicado y que la mayoría de las veces algún embrión no aguantaba ese proceso y se moría. Cabía la posibilidad de que se muriesen todos, ninguno o alguno. El proceso de descongelación se hace el mismo día que vas a las transferencias, y hasta que no llegas al hospital no sabes si han sobrevivido.

Llegamos y nos dijeron que habían sobrevivido cinco, de los cuales eran todos tipo A y uno B; el resto no había aguantado el proceso de descongelación. Me dio pena, eran mis embriones, pero ahí no había tiempo para la tristeza, había cabida a la esperanza de que los que me pusieran se quedasen conmigo.

El médico volvió a hablar con nosotros y nos dijo que, ya que la experiencia de haberme puesto uno no había salido bien y teniendo en cuenta que los embriones congelados tienen menos probabilidad de implantación, lo mejor sería hacer la transferencia de dos, en vez de uno como la vez anterior. También nos explicó que podrían implantar los dos, uno o ninguno. Decidimos ponernos dos. Si venían dos, encantados; si venía uno, encantados, y que no se implantara ninguno no me lo planteaba. Así que ahí estaba otra vez, en quirófano, con la vejiga a punto de explotar de toda la cantidad de agua que había tenido que tomar para que pudieran ver bien el útero, pero feliz porque de nuevo iba a experimentar el tener dos «cositas» dentro de mí.

Nos fuimos para casa, yo directamente al sofá a guardar reposo. Nos habían dicho que no hacía falta reposo absoluto, que con reposo relativo era suficiente, pero yo había leído a mujeres a las que le había funcionado bien hacer los dos primeros días reposo absoluto, y como iba a hacer todo lo imposible para que aquello funcionase, pues ahí estaba yo, hiperactiva, pero aguantando como una campeona sin apenas moverme.

De nuevo tocando mi barriga, hablando con ellos, pidiéndoles por favor que se quedaran con nosotros. Y de nuevo la locura, idas y venidas al baño para ver si bajaba la indeseable, obsesionada con cualquier síntoma, pinchazo, molestia… Y claro que tenía, ¡muchas!, pero era todo ocasionado por la cantidad de hormonas que ya llevaba en mi cuerpo.

Hubo un momento en todo este proceso en que empecé a darme cuenta de que estaba olvidando y dejando de lado cosas importantes, como, por ejemplo, no prestar atención a mi marido, daba malas contestaciones a personas que quería, no tenía ganas de quedar ni ver a nadie, todo me molestaba, estaba irascible… Pero, bueno, sabía que era pasajero y que era consecuencia del tratamiento hormonal y ya pasaría, o eso creía…

Pasé de ser una chica con una sonrisa siempre en mi cara, que se reía del mundo a pesar de todo y siempre tenía cabida para una sonrisa, a estar triste, preocupada, enfadada. ¡Putas hormonas!

Recuerdo que cuando empezaba el tratamiento, llamaba a mi madre y le decía: «Mamá, voy a empezar a pincharme», para que no me tuviese en cuenta si en algún momento podía tener alguna salida fuera de tono o que no me apeteciera hablar con ella… A mis amigas, igual. De hecho, tuve alguna discusión con alguna de ellas y luego tuve que pedir perdón. Me estaba volviendo loca y no me estaba dando cuenta. Solo tenía un propósito en la vida, ser madre a costa de lo que fuese, me daba igual el resto del mundo. Error, grave error.

Pasaron los catorce días y de nuevo la llamada: NEGATIVO. Esta vez me llamó una doctora, fría y antipática donde las haya; nunca me gustó, pienso que para estar en ese puesto debes ser empática, tener delicadeza, y ella carecía de ello. Le pregunté llorando: «¿Esta vez qué ha podido pasar?». Y su respuesta fue: «Son cosas que pasan», y colgó. Me quedé de nuevo rota, mordía la almohada, sufría, sufría y sufría… Y veía sufrir a la persona que más quería y estaba a mi lado, mi mayor tesoro, mi marido.

Me vino la indeseable y volví a ir. Me iban a hacer otra FIV desde el principio, había que empezar el proceso desde cero, ya que no quedaban congelados. ¡Allá íbamos otra vez! Con ganas, con la ilusión que nunca perdí, y a la vez con los mismos miedos que al principio.

Pinchazos y más pinchazos, controles cada tres días, y todo iba bien. Esta vez tuvieron que suspender el proceso, ya que se produjo una hiperestimulación ovárica y era peligroso. Así que de nuevo a esperar a la indeseable para poder empezar.

Empezamos, con menos dosis de hormonas para evitar la hiperestimulación, pero más hormonas, al fin y al cabo. Cada vez estaba más desquiciada, y lo peor, sin darme cuenta. Aparentemente yo era una persona normal, pero en realidad me estaba volviendo loca.

Llega el día de la extracción, quirófano, anestesia general… Otros veintitantos óvulos, de los cuales fecundan quince; todo fenomenal. Llega el día de la transferencia y decidimos ponernos dos. Mis chiquitines de nuevo conmigo, emocionada, feliz, con miedo, cada vez más cansada, pero con suficiente fuerza para seguir adelante y conseguir el objetivo, ser mamá.

Llegados a este punto he de decir que, aunque la ilusión nunca se pierde, las fuerzas empiezan a flaquear. Llega un momento en el que no ves nada más allá del propósito por el que te estás metiendo veneno en el cuerpo sin saber las consecuencias, ni tampoco te importan en ese momento. Empiezas a perder a personas, empiezas a perderte a ti misma. Estás enfadada todo el día y no entiendes por qué, pero te da igual, tu mente solo te dice: «Sigue adelante, lo vas a conseguir». El resto te da igual. Empezó a darme igual lo que pudiese sentir mi marido, solo era yo, yo y después yo, y mi propósito.

Yo sé que él hacía todo lo que hacía por mí, porque sabía que eso me hacía feliz, porque sabía las ganas que tenía de ser mamá. No digo que él no quisiera ser padre, porque sí quería, pero si por él hubiese sido no hubiera hecho yo ni la mitad de las locuras que hice para intentar conseguir mi propósito.

Un día le llegué a decir que si yo no le podía dar un hijo que me dejase, que nos separáramos, que se fuese con otra que le pudiera dar un hijo. Me miró y me dijo: «Va a ser verdad que te estás volviendo loca. Yo no quiero hijos si no es contigo, tener un hijo es la consecuencia del amor que te tengo». A mí aquello me sonó muy bonito, pero no me lo terminaba de creer, yo seguía pensando que era injusto que por mi culpa él renunciara a ser padre. Por todo ello, cada vez tenía más y más ganas de seguir adelante con todo el proceso. Tenía que conseguirlo, fuese como fuese, costase lo que costase.

Esta vez no llegó el día catorce porque me bajó la indeseable al onceavo día, así que ya os podéis hacer una idea de mi cara cuando vi el papel manchado. Otra vez era NEGATIVO.

Había gente de mi entorno que me recomendaba dejarlo o, por lo menos, descansar un tiempo, pero no, yo entendía que debía seguir porque lo iba a conseguir.

De nuevo visita al médico, más hormonas y propuesta de fecha para transferencia de congelados. Decidimos ponernos dos. Transferencia, catorce días y NEGATIVO.

Aquí se me cayó el mundo encima, ya que la Seguridad Social solo te cubre dos FIV —con sus ciclos de congelados correspondientes— y yo ya había gastado las dos, más las dos de congelados. No sé cómo me vería el doctor que me dijo que iba a exponer mi caso en la reunión de departamento para ver si me podían dar otra oportunidad, y quedó en llamarme para darme respuesta. Me llamó para decirme que, como caso excepcional, me iban a dar una tercera oportunidad, pero antes iban a repetirme la resonancia y otro tipo de pruebas. Volví a ser feliz, porque creía fehacientemente en aquello de que a la tercera va la vencida.

Era mucho dolor el que se sentía, mucha rabia, mucho enfado, mucha tristeza. No quería ver embarazadas a mi alrededor, no quería ver recién nacidos. Cuando nacía un bebe de alguna de mis amigas o primas, no podía ir a verlos, me dolía mucho y no quería pasar por ese trago. Eso también me trajo más de un enfadado, pues hubo quien no lo entendió. Aunque, en realidad, la única que no lo entendía era yo.

Viaje a la esperanza

Esta vez, antes de desperdiciar la tercera, pensé en irme a Barcelona para pedir una segunda opinión en una clínica privada y ver si así me aclaraban algo de por qué todo estaba bien, pero yo no me quedaba embarazada. Hablé con una amiga que trabaja en la clínica y me concertó una cita con uno de los mejores doctores en reproducción.

Allí que me fui con todos los miles de informes y pruebas que me había hecho en la ciudad donde vivo. Estaba hecha un flan. Fui con mi madre (mis padres viven en Barcelona), me puse delante de ese hombre, lo miré a los ojos y le dije: «Doctor, quiero que me diga la verdad, si puedo ser madre o no. Si puedo serlo, dígame cómo, y si no puedo serlo, dígamelo también». Con las mismas me dijo: «¿Tienes resonancia hecha?». Y le dije: «Sí, doctor, tengo dos, al igual que úteros, tengo dos». Me miró y sonrió. Solo le hizo falta ver la resonancia, no me pidió ninguna prueba más, la miró y me dijo: «Así es imposible que te quedes embarazada. Tú no tienes dos úteros, tienes un útero septo, es decir, un tabique en el útero que afecta a casi todo el endometrio. Hasta que ese tabique no se quite, es imposible que implante un embrión». ¿Mi cara y la de mi madre? Os las podéis imaginar. Yo le decía: «Que no, que no, que tengo dos úteros. Si me han visto muchos médicos y todos coinciden en lo mismo». Cogió el teléfono y llamó a una doctora. Cuando llegó le puso la resonancia delante y le dijo: «¿Qué ves aquí?». Y ella dijo sin pensarlo: «Un tabique, un útero septo». Yo no podía creer lo que estaba escuchando. Me propuso hacerme una histeroscopia con un médico especialista en ese tipo de malformación uterina y así confirmar. Como volvía al día siguiente a mi ciudad, me hicieron un hueco y me lo hicieron ese mismo día. Se confirmó. Tenía un útero septo, y no dos úteros.

Volví a la consulta con los resultados y me explicó que ese tabique había que quitarlo para poder quedarme embarazada, que ni por veinticinco FIV que me hiciera podría quedarme embarazada sin quitarlo.

Lloré de alegría y de rabia, pues no entendía cómo era posible que no hubiesen visto esa malformación y hubiese gastado cuatro oportunidades para nada, con todo lo que ello conlleva. Gracias a Dios, tengo la capacidad de remontar y pensé: «Bueno, eso ya es pasado y ahora vamos a solucionar esto». Me propuso tomar durante dos meses anticonceptivos para preparar el útero y poderme operar. Me citó para la intervención en dos meses.

Llamé a mi marido, llorando, y le dije que ya teníamos la solución. Le expliqué y, al igual que yo, no daba crédito a lo que le estaba contando, pero lo noté feliz, feliz de que el «problema» tuviera solución.

Volví a mi ciudad y os podéis imaginar qué fue lo primero que hice en cuanto llegué. Fui uno por uno a los médicos que me habían dicho que tenía doble útero con las pruebas donde se veía claramente que no era así. Hubo quien me reconoció el error, pero hubo una ginecóloga que seguía diciendo que no, que eso eran dos úteros. Vivir para ver… Sigue ejerciendo la ginecología y la cirugía, casi nada…

En el hospital donde me habían hecho las resonancias y las FIV me dijeron que, debido al error, me daban otras dos oportunidades para así subsanarlo de alguna forma. Como si eso se pudiese subsanar… Pero, bueno, algo era algo, y yo no tenía ganas de problemas, lo único que quería era terminar con toda esta historia. También porque pensaba que ya no iba a necesitar dos más, pensé que con solo una más iba a ser suficiente.

Me operé, me quitaron el tabique. Recuerdo que al despertar de la anestesia, lo primero que hice fue preguntarle a la cirujana si realmente había tabique, porque, claro, seguía teniendo mis dudas; no podía ser verdad que todos en mi ciudad se equivocaran y allí a la primera acertaran. Su respuesta fue: «Un tabique no, tenías el muro de Berlín. Ya te lo hemos quitado y mira cómo se te ha quedado el útero». Fue maravilloso ver aquello, porque siempre en las imágenes veía un doble útero y fue la primera vez que veía mi útero con forma de pera, normal, como el de cualquier mujer.

Me llevaron a la habitación y allí me estaban esperando mis padres y hermanos. Recuerdo decirles: «Ya se ha acabado todo, ya está todo arreglado, ahora sí lo voy a conseguir». Lo mismo que cuando llamé a mi marido, a quien le noté que se le entrecortaba la voz, y le dije: «Ahora sí, ahora sí».

Tuve que esperar dos meses para que cicatrizara la herida por dentro para poderme hacer la FIV. En cuanto pasaron los dos meses, fui otra vez a la batalla, esta vez mucho más animada y con muchas más esperanzas.

La esperanza, una realidad

Empieza mi quinta FIV. Empiezo con las banderillas, controles, quirófano, extracción de óvulos, transferencia de embriones (me pongo dos) y a esperar catorce días…

Al décimo día de la transferencia, estando en mi patio almorzando, recuerdo que había mosquitos y eché insecticida. En ese mismo momento, el olor a limón del *spray* me provocó unas náuseas que me iba a morir… Miré a mi marido y le dije: «Estoy embarazada». Claro, eso también lo había dicho las otras cuatro veces, pero esta vez era distinto, ese olor me provocó náuseas y era diferente. Esa misma tarde, empecé a sentirme mal, me costaba respirar, se me hinchó la barriga y me asusté, ya que podía ser fruto de una hiperestimulación y podía ser peligroso. Nos fuimos para urgencias, me hicieron analítica y ecografía y me dejaron ingresada porque, efectivamente, tenía una hiperestimulación.

Estando en la habitación, le pedí a la enfermera un ibuprofeno para el dolor de cabeza y me dijo que solo podía tomar paracetamol. Y le dije: «Pero ¿por qué? ¿Estoy embarazada?». Y no me contestó, solo me sonrió y me dijo: «Ahora vendrá el médico y hablará contigo». Con la mala suerte de que al médico se le olvidó pasar por mi habitación para darme los resultados. No dormí, mi marido tampoco.

Amaneció y vino el médico. Recuerdo que me dijo que había hecho una hiperestimulación y que tenía que tener mucho cuidado, beber mucho Aquarius y, ante cualquier contratiempo, tenía que volver al hospital. Me dijo que me iba a dar cita para dentro de quince días para hacer la primera ecografía y saber si eran uno o dos, ya que la beta había salido elevada. Mi cara era un poema, y le pregunté: «Pero, doctor, ¿estoy embarazada?». Y me dijo: «¡Claro! ¿No te lo habían dicho ya?». Inconscientemente, me puse a saltar y a abrazar a mi marido, y el médico me decía: «¡Cuidado, cuidado, no saltes!». ¡Me volví loca! Ese sí fue el día más feliz de mi vida.

Llamé a mis padres, hermanos, amigos… Quería que todo el mundo supiese que lo habíamos conseguido, que estaba embarazada.

¡¡¡Dios mío!!! Qué sensación tan bonita, qué sensación esa de saber que llevas dentro de ti a tu hijo o hijos. ¡¡¡Qué cosa tan grande!!! Qué feliz era, lo habíamos conseguido y estaba pletórica. Se me olvidó todo lo malo y solo tenía cabida para la felicidad más absoluta.

Llegué a casa y seguía sin creérmelo, estaba en *shock*. Era como si no fuese conmigo, solo podía tocarme la barriga y sentir algo muy grande, inexplicable. Me daba miedo hasta de agacharme por un calcetín, no fuera a ser que le hiciese daño.

Ese mismo día por la tarde, mi marido me trajo un predictor de la farmacia. Le pregunté si no se lo creía, y me dijo que sí, pero que como me había hecho tantos y todos habían salido negativos con una sola rayita, pues por lo menos para ver las dos rayitas, aunque fuese por una vez, ja, ja, ja. Y sí, ahí estaban las dos rayitas. ¡¡¡EMBARAZADA!!!

Ya no me daba tristeza ver embarazadas, ni bebés, ni niños. Iba a ser mamá. Paseaba por tiendas de bebés y miraba los escaparates; no entraba a comprar por aquello de esperar hasta que te confirmen que todo está bien, pero estaba deseando poder empezar a comprarle cositas. Ya no pasaba de largo por las tiendas de bebés echando la vista a otro lado, ya podía mirarlas, ya no dolía.

Pasaron los quince días y fui a la primera ecografía para saber si eran uno o dos y para confirmar que había latido y que todo estaba bien. Ese día mi marido no pudo venir conmigo por motivos laborales. Estaba muy nerviosa por lo que me pudiesen decir. Entré y me dijeron que me desnudara de cintura para abajo y me subiese a la silla del ecógrafo. Madre mía, qué nervios, el corazón se me salía por la boca. Vino la ginecóloga y empezó con la ecografía. Recuerdo no parar de mirar la pantalla del ecógrafo como si supiese lo que estaba viendo, y sí, ahí estaba él, ahí se veía un saquito y dentro había una especie de «habichuelita». Era mi bebé. Le dieron sonido al ecógrafo y por primera vez en mi vida pude escuchar el latido del corazón de mi hijo, el sonido más bonito del mundo. Empecé a llorar, qué emoción más grande, no quería que se acabara ese sonido. La ginecóloga dijo: «A ver si tu madre deja de llorar y podemos escucharte bien el corazón...». «A ver si tu madre...», sí, yo era su madre y él era mi hijo.

Había «enganchado» solo uno. Me daba un poco de pena por el que no se quedó conmigo, pero era tan feliz de tener a mi chiquitín conmigo que pensaba que si no se había quedado el otro era porque no debía ser así.

Salí y lo primero que hice fue llamar al padre de la criatura. Le dije llorando y casi gritando que lo había visto, que le había escuchado latir su corazón, que era uno... Y escuché como ese padre lloraba detrás del teléfono; no era para menos. Seguidamente, llamé a mis padres, y más de lo mismo.

Mi madre vino a verme, quería verme embarazada, quería ver mi cara, quería compartir conmigo esa alegría. En ese viaje la acompañó mi hermano pequeño. Cuando la vi me abracé e, inconscientemente, pude saber lo que ella sentía, fue algo muy bonito.

Me acompañó a la visita de ocho semanas; ahí fuimos mi marido, mi madre y yo. Esa vez fuimos a un ginecólogo privado que me habían recomendado, pues me dijeron que si yo tenía compañía médica privada era bueno compaginar la pública con la privada, y así lo hice. Pedí cita con este doctor —en mala hora— y fuimos a que me revisara.

Ahí estaba mi chiquitín otra vez, como un toro, latiendo el corazón con toda su fuerza, otra vez ese sonido tan maravilloso, ese latido, su latido. Salimos los tres en una nube, todo iba bien.

Ese mismo día, al salir de la consulta, fui con mi madre a una tienda de bebés y le compré tres bodis de recién nacido y un chupete. Sí, sé que era muy pronto, pero no me pude resistir. Estaba deseándolo, y qué mejor ocasión si encima estaba mi madre conmigo, quería hacerla partícipe de aquel momento tan especial.

Yo no me encontraba muy bien, estaba cansada, tenía muchas molestias, contracciones idénticas a cuando te va a venir la indeseable… Le pregunté al médico y me dijo que era completamente normal, que estar embarazada dolía de aquella manera, y más a mí, que estaba muy hormonada.

Me permití llorar, pero no parar de luchar

Una mañana, me desperté y lo primero que hice fue mirar los bodis que había comprado, y algo dentro de mí me decía que no iba a terminar bien. ¿Intuición?, ¿instinto de madre? ¡Qué sé yo! Me fui a la cocina a desayunar y recuerdo estar de muy mal humor. Pensé que me estaba sentando muy mal el embarazo, pero en realidad es que no me sentía bien. Fui al baño y al limpiarme… ¡¡premio!!, rojo brillante: dos coágulos de sangre, y en cantidad, como si tuviese la indeseable. Frío fue lo que me recorrió por todo el cuerpo. Llamé a mi madre casi sin poder reaccionar y cuando entró al baño le dije: «Lo he perdido. Tranquila, mamá, pero lo he perdido». Nunca olvidaré la cara de mi madre mientras me decía: «Vístete que nos vamos para el médico». Llamé a mi marido, que estaba trabajando, y le dije lo que pasaba y que me iba para el hospital. Cuando llegué con mi madre, ya estaba él allí. Su cara, su cara mirándome tampoco la puedo olvidar.

Entramos a la consulta y me hicieron ecografía. Ahí estaba el bebé y su latido. Me dijeron que tenía un hematoma retrocorial y que era una amenaza de aborto. Debía guardar reposo porque, en la mayoría de los casos, los hematomas se reabsorbían y el embarazo seguía adelante sin más complicación. Nos fuimos para casa e hice todo lo que me dijeron. Es verdad que cada vez sangraba menos, pero sangraba. Estaba todo el día tumbada o sentada en el sofá y cuando me levantaba para ir al baño o a la cocina me ponía la mano debajo apretando, no fuera a ser que se me saliese… ¡Fíjate tú! Con mi manita puesta todo el tiempo ahí.

Pasó una semana y me tocaba revisión. Ya solo manchaba algo marrón, no era sangre roja y apenas se notaba. El médico me dijo que el hematoma ya se estaba reabsorbiendo y que todo iba a ir bien, así que otra vez felicidad máxima, pero con cautela, ya no me fiaba.

Mi madre, al ver que todo estaba yendo bien, se marchó. Durante unos días parecía que todo iba bien, hasta que de nuevo noté que algo me caía a chorro. Fui al baño y ahí estaba otra vez, sangre roja, y más cantidad que la vez anterior. Corre que te corre al hospital, ecografía y latido, todo bien. Era otro hematoma y otra amenaza de aborto, así que de vuelta a hacer reposo.

Fue duro, aquí donde vivo no tengo a nadie, a excepción de mi marido y mis amigos, por supuesto, pero él trabaja y mis amigos también. Ni que decir tiene lo que echaba en falta a mis padres y hermanos.

Llamé al médico privado y le comenté lo que me pasaba. Me dijo que era normal, pero que fuese por la tarde si me quería quedar más tranquila. Allí me planté con mi marido. Al entrar a consulta llorando, me dijo que no llorara, que eso les pasaba a muchas mujeres. ¡Como si fuese tan fácil dejar de hacerlo! Terminó la ecografía y me dijo que me fuese a casa e hiciera reposo relativo, que ya se reabsorbería el hematoma. Me vestí y salí de la consulta igual de preocupada que había entrado. Justo en la puerta, noté que algo me caía por la vagina. Había un baño en la sala de espera, entré y casi me desmayo al ver lo que vi. Me estaba desangrando, eran unos coágulos de sangre del tamaño de un puño, uno detrás de otro. Yo temblaba y lloraba. Mi marido fue corriendo a llamar al médico y este no salió, dijo que era normal —sin ni siquiera venir a verlo— y que me fuese a casa a hacer reposo. Si lo cojo en ese momento, no sé qué hubiese pasado. Me monté en el coche y corriendo nos fuimos a urgencias de la Seguridad Social. Cuando llegué lo hice ya casi con el conocimiento perdido. Recuerdo que mi marido dejó el coche en la puerta de urgencias y el chico de seguridad me cogió en brazos y me metió corriendo para dentro. Se podía ver como caía la sangre por debajo del pantalón.

Me dejaron ingresada, me hicieron eco y el bebé campeón seguía vivo. Yo no entendía nada, pero ahí estaba su latido con todas sus fuerzas. A la mañana siguiente vino el médico a verme y nos dijo que la cosa no pintaba bien, eran demasiadas hemorragias y ni siquiera ellos sabían de dónde venían, ya que habían desaparecido los hematomas y no sabían de dónde procedía el sangrado. Estuve en el hospital unos quince días, para entonces ya estaba de unas quince semanas de embarazo. Se estabilizaron los sangrados y me dieron el alta. Llegué a casa y con las mismas que llegué nos tuvimos que volver a ir, pues al levantarme y moverme volvieron los coágulos y las hemorragias intensas. De nuevo corriendo al hospital y de nuevo ingreso. Volvió mi madre, que se quedaba durante el día conmigo y se turnaba con mi suegra, y por la noche se quedaba mi marido. Él entonces estaba trabajando y estudiando, venía corriendo cuando salía de trabajar y se ponía con su portátil a estudiar por las noches. Se metía en la cama conmigo y me ponía la mano en mis «partes bajas» por si me venía una hemorragia mientras yo dormía. Así estuvimos unas cinco semanas más. Me levantaba de vez en cuando, daba paseos cortos con mi mano puesta abajo y me volvía para la cama. Las hemorragias no cesaban, unos días más y unos días menos, pero mi chiquitín seguía creciendo y latiendo. Ya me habían dicho que era un niño, y ya sabía cómo se iba a llamar si nacía.

Una mañana al despertarme tenía la cama mojada. Me asusté porque pensé que era sangre, pero no, era como pipí, no tenía color. Vino la enfermera y llamó al médico. Me hicieron ecografía y me dijeron que había una fisura en la bolsa, que tenía que guardar reposo absoluto para ver si se cerraba. Cada día mojaba más y más, aquello no pintaba bien. Una mañana, al hacerme la ecografía pude escuchar ese sonido tan bonito del latido de mi niño, pero esas ciento cincuenta pulsaciones pasaron a ser cuarenta o cincuenta. Se estaba muriendo, se estaba asfixiando, y yo no podía hacer nada para evitarlo. Lo vi, lo escuché, fue terrorífico sentir que se moría dentro de mí y no podía hacer nada por evitarlo. El médico nos dijo que era cuestión de horas que falleciera. Volví a la cama a esperar que todo acabara.

Mi cuñada vino desde Italia y solo pudo estar conmigo quince minutos, no pudo aguantar más. No puedo imaginar cómo sería mi cara, solo recuerdo que le dije: «Se está muriendo», y se fue llorando.

Esa misma tarde, cuando mi madre se fue a mi casa, le dije a mi marido que me acompañara al baño. Estaba muy estreñida y me dolía la barriga. No quería hacer fuerza porque, si lo hacía, me salían muchos coágulos y me podría desangrar, o eso creía yo. Mi marido me dijo: «Haz fuerza, ya no hay nada que hacer, inténtalo». Y así lo hice, un poquito de fuerza con mucho miedo. Al terminar vi que me colgaba algo de la vagina. Le pregunté a mi marido qué era aquello, y me dijo que un coágulo, pero le contesté que no, que los coágulos eran de color oscuro y aquello era de color marrón claro. Llamó a la enfermera, quien me informó de que era el cordón umbilical, que se había salido. Me mandó a la cama hasta que el médico de guardia pudiese subir a verme. Tardó como tres horas en subir. Mientras, yo estuve con mis piernas flexionadas y temblando.

En la habitación había una pareja, ella estaba embarazada e ingresó por un cólico nefrítico. No podían creer que me tuvieran tanto tiempo allí sin que nadie viniese a verme. El chico era muy simpático y no paraba de hablarme; ella se sentó a mi lado y me cogió de la mano. La cara de mi marido era de película. Cuando finalmente vino la doctora de guardia, le dije que no tenía vergüenza, que habían tardado tres horas en subir. Solo se dignó a decirle a la enfermera que me diera un Valium. La miré y le dije que no quería nada, que quería estar lúcida para todo lo que sabía que me esperaba, que estaba tranquila. Obvio que no lo estaba...

Me planteó dos opciones: la primera era tirar del cordón umbilical para «ver lo que se traía», palabras textuales, y la segunda era inducir el parto, con lo que ello conllevaba, contracciones, etc. La miré y le dije: «Si tiras del cordón, ¿qué esperas encontrar, un coche?». Y me dijo: «Tú misma. Te empiezo a provocar el parto». Me pusieron vía rectal unas pastillas y me dijeron que en breve empezaría con las contracciones, que podía tardar una hora, dos o veinticuatro, que cuando me dieran ganas de empujar que las llamara. Mi marido preguntó si no me iban a llevar a paritorio y su respuesta fue que no, porque como el niño venía muerto no hacía falta.

Sí, me dejaron parir en la habitación con mi marido y con la otra pareja. A ellos le propusieron cambiar de habitación —serían ya las doce de la noche, más o menos—, pero decidieron quedarse con nosotros para que no estuviésemos solos. Al poco empezaron las contracciones, muy seguidas, muy dolorosas, no me daba tiempo de recuperarme de una cuando ya venía la otra. Me daban aire con un abanico y me hablaban, no me dejaban. Dos horas duró aquello. A las dos horas, efectivamente, me dieron ganas de empujar, pero no dio tiempo de avisar a la enfermera, porque cuando me vinieron las ganas, empujé y parí a mi hijo. Mi marido corriendo me echó la sábana por encima, porque si algo tenía claro es que no quería verlo, pues sabía que si lo veía jamás podría olvidar su cara, su cuerpo… Llamaron a las enfermeras y de nuevo tardaron una media hora en venir. Sí, allí estaba recién parida y con mi hijo muerto en la cama. Me temblaba todo el cuerpo. Cuando vinieron ya no tenía fuerzas ni para hablar, solo le dije que se lo llevaran con cuidado porque no quería verlo. Me cortaron el cordón umbilical y, para más inri, la enfermera al ver a mi hijo se puso a llorar. Le dije: «Sé por qué lloras, porque es muy bonito, ¿a que sí?».

Se me quedó la placenta dentro y tuvieron que sacármela, se partió y la sacaron en dos trozos. Aquello dolió más que las dos horas de contracciones.

Pasó, miré a mi marido y le dije: «Ya está, ya ha pasado todo». Respiré, descansé. Estaba en *shock*, no sentía pena, no sentía nada, solo mucho alivio, mucho descanso.

A las siete llegó mi madre. Cuando me vio en la cama, supongo que, al verme la cara y como madre que es, algo intuyó. Le dije: «Mamá, ya ha pasado todo». Se dio media vuelta y se fue. Llegó al rato con los ojos hinchados de llorar, intentando disimular y dándome los ánimos que ella perfectamente sabía que no iban a servir de mucho.

Vino el médico, me hizo eco y analítica y como todo estaba limpio por dentro y la hemoglobina la tenía en siete —al límite de la transfusión de sangre—, me dio el alta con hierro para tomar en casa.

Mi marido se fue para casa mientras me preparaban el alta, y mi madre y yo nos iríamos en cuanto me dieran los papeles. Recogí todo y me fui. Bajando en el ascensor, sentí un vacío que no puedo explicar, pero tenía que seguir adelante, tenía muchos motivos para seguir sonriéndole a la vida y seguir luchando por cumplir mi sueño.

Llegué a casa y ahí me derrumbé. La última vez que salí lo hice con mi chiquitín y volvía sin él. Ese momento fue muy duro. Tenía un cuadro del Nazareno de mi pueblo en el pasillo de casa y lo primero que hice fue descolgarlo y estrellarlo contra el suelo; no quería verlo, había perdido la poca fe que tenía.

Mi marido se había ido antes para comprarme jamón, que no pude comer en todo el embarazo y siempre le decía que lo primero que iba a hacer cuando el bebé naciera era comer jamón y fumar, que tampoco lo hacía desde el minuto uno que supe que estaba embarazada. Así que llegué a casa y tenía jamón ibérico y tabaco. Fumé y comí jamón, llorando, pero no paraba de comer.

A la semana mi madre se volvía para Barcelona. Esa semana estuve intentando guardar la compostura para que no me vieran mal, quería hacerme la fuerte. Llegó el momento de llevar a mi madre a la estación del AVE y quise ir con ellos. Cuando me despedí de ella, le dije a mi marido: «Llévame a urgencias, tengo el corazón que se me va a salir por la boca». Llegué con casi ciento ochenta pulsaciones por minuto. Preguntaron qué me había pasado y al ver mi historial, lo entendieron. Me dieron dos Orfidales y allí estuvimos hasta que se me pasó la crisis de ansiedad. Demasiados días fingiendo estar bien pasaron factura.

Los bodis y el chupete desaparecieron, no pregunté qué hicieron con ellos, tampoco me importaba mucho.

Fuimos a recoger el informe definitivo de la necrosis del bebé para saber si lo que había pasado era porque venía con algún tipo de malformación o tenía algún problema genético. Nos dijeron que mi hijo estaba bien, con todos sus órganos, formado conforme al tiempo de embarazo y sin ninguna anomalía. No entendían qué había pasado. Tuve que volver a escuchar que eran cosas que pasaban. Así, sin más.

Me incorporé al trabajo y empecé mi vida normal. Y enseguida volví a la carga, quería volver a intentarlo. Sí, una locura, pero ya me había quedado embarazada una vez y seguro que me quedaba otra, y a lo mejor en el siguiente embarazo todo iba bien.

Miedo, angustia y culpa

Esperamos un par de meses y volví a la carga. Tenía embriones congelados, así que me los transferí. Empezamos otra vez... NEGATIVO. No cuajaron los embriones congelados.

Como me habían dado dos oportunidades más por el error del doble útero y ya no me quedaban «frigobebés», empecé de nuevo con otra FIV; era el séptimo tratamiento. Sabía que era una barbaridad, pero habiéndome quedado embarazada ya una vez, tenía que seguir intentándolo. Para entonces ya estaba muy tocada psicológicamente, y por las hormonas, físicamente también, pero no me faltaban ni fuerzas ni ganas para continuar en la lucha.

Empecé la séptima, todo el proceso iba bien. Me implantaron dos embriones y al décimo día, tuve los mismos síntomas que cuando me embaracé la primera vez; sabía que estaba de nuevo embarazada. Fui al hospital, me hicieron eco y me dijeron que había hecho de nuevo una hiperestimulación, pero estaba embarazada y ¡¡¡eran dos!!! Habían agarrado mis chiquitines. Salimos y yo estaba fría como un témpano. Me tocaba la barriga y quería creérmelo, pero no podía, estaba muy reciente lo otro y no quería hacerme ilusiones.

Llegó la primera ecografía y pude ver los dos saquitos y mis dos chiquitines. De nuevo volví a escuchar el latido de sus corazones, bendito sonido. No podía creer que de nuevo estuviese escuchando ese sonido tan maravilloso, ahí empecé a creérmelo y a ilusionarme de nuevo.

A las seis semanas, ¡sorpresa!, de nuevo los coágulos. No me lo podía creer. Entonces sí noté que me faltaban las fuerzas. No podía ser, la historia se repetía. Corrí al hospital, ecografía y ahí estaban mis chiquitines, vivos y latiendo con todas sus fuerzas. Imaginad cómo estaba que le dije al médico que no quería volver a pasar por lo mismo, que me los quitara, que no quería que pasaran lo que pasó el primero, no quería seguir con el embarazo. Claro que no lo sentía de verdad, hablaba el miedo, estaba muerta de miedo.

Me pasaron a un box de urgencias mientras me preparaban la cama para ingresarme, pues después de los antecedentes, decidieron dejarme ingresada desde el principio. Estando en el box, tenía una cortina que separaba la consulta del médico de mi cama. Pasaron un par de chicas y yo escuchaba toda la conversación. Llegó una pareja joven para que le dieran la pastilla abortiva, ya que se había hecho un test de embarazo y había dado positivo. La chica le decía al médico que era estudiante, que estaba en esta ciudad estudiando y no podía ni quería tener un hijo. El médico le explicó todo el protocolo a seguir en esos casos y se marchó. Solo nos separaba una cortina, a un lado estaba yo, luchando por ser madre y proteger a toda costa lo que llevaba en mi vientre, y al otro lado alguien que no quería serlo. La vida…

Estuve ingresada unos días, pero como la experiencia fue tan mala en ese hospital, decidimos que me iría a Barcelona, así estaría con mi familia y mi marido vendría todos los fines de semana. Yo iba a estar más tranquila, y mi marido y mi familia, también.

Cogimos el AVE a Barcelona. Yo iba en silla de ruedas, no podía andar porque, si lo hacía, sangraba. El interventor del tren, antes de subir, me preguntó qué me pasaba. Le expliqué y me dijo que no podía dejarme viajar en esas condiciones. Yo le enseñé el informe que llevaba del médico y le dije, además, que ya estaban avisados en el hospital de Barcelona y me estaba esperando una ambulancia en la estación para llevarme al hospital e ingresarme. Él insistía en que no podía porque si se daba el caso de que me viniese una hemorragia en el tren, ¿qué pasaría? Lo miré y le pregunté: «¿Usted tiene hijos?». Me contestó que sí, y le dije: «Yo ya he perdido uno y ahora voy a intentar salvarles la vida a estos dos que llevo dentro. Tengo que viajar a Barcelona sí o sí». Nos dejó viajar. Durante el viaje, vino muchas veces a verme y, cuando llegamos, se despidió y me deseó toda la suerte del mundo. Le di las gracias y me monté en la ambulancia.

Más de lo mismo, idas y venidas al hospital, sangrados y más sangrados. Mi marido viajaba los fines de semana para estar conmigo, y mi familia no me dejó en ningún momento.

Cuando se empezó a complicar de nuevo, me ingresaron en un hospital religioso, ya que era de lo mejor en temas de maternidad. Al entrar en la habitación había un crucifijo encima de la cama y pedí por favor que me lo quitaran, y así lo hicieron. Seguía con la fe perdida.

La mayoría de las noches se quedaba mi madre conmigo, algunas se quedaban mis hermanos e incluso mi padre y mi tía. Mi marido se quedaba los fines de semana.

De nuevo, nadie sabía de dónde me venían esas hemorragias. Me hacían ecografías casi a diario y podía ver como mis niños —porque eran dos niños— iban creciendo. Tengo que decir que el trato por parte de los médicos y enfermeras fue impecable, muy humano y muy cercano, nada que ver con el hospital donde estuve ingresada del primer bebé. Por esa parte, estaba mucho mejor.

Hubo una noche que empecé con contracciones; estaba de unas quince o dieciséis semanas. Me bajaron corriendo a paritorios y allí estuve con mi madre esperando. Llamé a mi marido y le dije: «Creo que ya termina de nuevo, creo que los voy a perder». Pasaron las horas y las horas, se pararon las contracciones y me volvieron a subir a la habitación. No sé si me alegré de que pararan las contracciones o no, tenía tanta anemia y estaba tan agotada que no sé qué hubiese preferido. Al subir a la habitación, hubo un momento en el que miré a mi madre y jamás olvidaré su cara, esa cara de sufrimiento, esa cara de cansancio. Ahí comprendí muchas cosas. Vi el dolor de una madre por una hija, el mismo que yo podía tener por los míos, sí, pero de distinta manera. Me di cuenta del sufrimiento que estaba ocasionando por mi obsesión de ser madre, me di cuenta de todo lo que podía perder y estaba perdiendo por esa obsesión. Ya no podía echarme atrás, tenía que seguir luchando por mis niños, pero saliera como saliera, iba a replantearme mi vida. Si nacían vivos sería fenomenal, pero si no lo hacían, ya era hora de que yo viviese, de disfrutar de todo lo que la vida me ofrecía, de mi marido, de mi familia. Miraba por la ventana y tenía unas ganas locas de salir corriendo y comerme el mundo. No podía más, estaba agotada.

Me desperté un día con una hemorragia muy fuerte estando en el hospital. Para entonces ya me ponían hierro en vena porque esta vez, al ser dos, las hemorragias eran mayores, pero ni con esas llegamos a los niveles de hierro mínimos. El doctor me dijo que ya no podíamos esperar más, mi hemoglobina estaba muy baja y si me venía de nuevo una hemorragia, seguramente me moriría. Me explicó que si yo fallecía, también lo harían mis niños, ya que eran muy chiquititos y no podrían sobrevivir, así que por lo menos íbamos a intentar salvarme la vida a mí. En un principio le dije que no, que si lo que me estaba proponiendo era «matar» a mis hijos para salvarme yo, que supiese que no lo iba a hacer. Estaba conmigo ese día mi hermano mayor, que se ha comido unos cuantos marrones conmigo ya... El médico me invitó a pensármelo, se fue y en un rato volvería. ¿Cómo iba a hacer eso? Esa misma mañana me habían hecho ecografía y los había visto moverse, saltar...; había uno que siempre saltaba, yo decía que se iba a parecer a mí, que era hiperactivo. ¿Cómo yo, su madre, iba a hacer eso?

Cerré los ojos y me toqué la barriga. Pensé en la cara que había visto de mi madre días antes, pensé en mi marido, en mi padre, en mis hermanos. Pensé en el sufrimiento de ellos si a mí me pasaba algo, pensé en lo que dejaba de disfrutar con mi marido si yo me moría. Pensé en todo lo bueno y bonito que tenía y podía perder. Era cierto que mis hijos no tenían viabilidad, pero si yo me moría, destrozaba la vida de mucha gente.

Llamé a mi marido y le dije: «No puedo más, estoy al límite. Voy a firmar el papel, ¡no puedo más!». Me contestó: «Me parece perfecto. Cojo un AVE y me voy para allá». Mi hermano me miraba, pero no me hablaba, solo me preguntó un par de veces: «¿Estás bien?».

Cuando volvió el doctor, le dije: «Deme el papel, lo voy a firmar». Fue entonces cuando mi hermano me dijo: «¿Estás segura?». Le respondí que sí y me dijo: «Es la decisión acertada, no podía ser de otra manera».

¿El peor día de mi vida? Ese, sin duda, el momento de firmar ese papel. Era una sentencia de muerte para mis hijos para poder salvar mi vida, aun sabiendo que ellos se hubieran ido igualmente.

Tenía cuarenta y ocho horas legales para poder «arrepentirme» y después de esos dos días, si no me echaba atrás, empezarían a provocarme el parto.

Me explicaron todos los riesgos, mi vida pendía de un hilo. El médico no me podía asegurar que, si venía una hemorragia en el parto, pudiese sobrevivir. Era consciente. Iban a preparar bolsas de sangre y lo iban a intentar tener todo bajo control, pero era algo complicado y de mucho riesgo, ya que yo había querido aguantar y llegar demasiado lejos.

Al ser un hospital religioso no podían provocarme el parto ahí; las monjas decían que si era la voluntad de Dios que la madre se muriese con los hijos, pues qué le íbamos a hacer… Así que me trasladaron en ambulancia a otro hospital. Lo hicieron en una camilla especial y atada completamente para que no pudiese moverme en caso de un frenazo o un bache, para evitar una hemorragia.

Cuando sientes que se te va la vida

Llegamos al hospital y vinieron las preguntas: «¿Los vas a enterrar o incinerar? ¿Estás segura al 100 %? ¿Necesitas apoyo psicológico?». Hice lo mismo, les dije que no quería verlos, que, por favor, no me dejaran verlos. Fue lo único que pude decir.

Tenía las venas «achicharradas» y tuvieron que coger la vía de la arteria. Imaginad cómo estaba… Mis venas se rompían y estaban secas.

Llegó el fatídico día y pedí que no dejaran entrar a mis padres; no quería que ellos presenciaran aquello. Sabía que estaban fuera, pero no quería verlos, me dolía demasiado.

Cuando llegaron para darme la pastilla, le dije a mi marido: «Si me pasa algo, dile a mi madre que gracias por todo lo que ha hecho por mí y que la quiero mucho». Sabía que podía irme. No estaba asustada, estaba enfadada con el mundo, pero no tenía miedo.

Aquí hago un inciso. Es curioso que, mientras escribo todo esto, no haya derramado una lágrima. Hoy por hoy, puedo escribirlo y hablarlo sin llorar, quedándome con lo bonito, que fue mucho. Pero, sin embargo, al recordar aquello de mi madre, no puedo dejar de llorar.

El *show* empezó a las nueve de la mañana y terminó cerca de las dos de la madrugada. Me sedaron un poco y me bajaron a paritorios —como debe ser—. Tengo lagunas de aquel día, algo me debieron dar que no lo recuerdo con mucha lucidez. Sí recuerdo el momento de sacármelos y ver a mi marido llorar a mi lado. Lo miré y le pregunté: «¿Por qué lloras?». «Porque no puedo verte sufrir más».

Me llevaron corriendo a otra sala y allí me durmieron. Tenían que hacerme un legrado urgente porque no paraba de sangrar, mi útero no se contraía. Vi a mi marido roto y, mientras venía el anestesista corriendo para dormirme, tuve unos segundos para mirarlo, sabiendo que podía ser la última vez que lo viese. Dolió, dolió mucho. Me dormí y cuando desperté, estaban mi madre, mi hermano pequeño y mi compañero de vida a mi lado. Estaba enchufada a no sé cuántas bolsas de sangre, pero estaba viva, había conseguido salvar mi vida. No estaba feliz, evidentemente. No sentía nada, ni frío ni calor.

Pasé la noche en observación hasta que me transfundieron toda la sangre. Me subieron a la habitación y cuando llegué a la cama de esa habitación, sentí el vacío más grande de mi vida. No estaban, se habían ido, ya no estaban conmigo. Horrible, fue horrible.

Mi marido me trajo un bocadillo y me obligó a levantarme de la cama para empezar a andar, ya que llevaba tanto tiempo en cama que casi no podía hacerlo, tuve que volver a aprender prácticamente. Entre la anemia y la pérdida de masa muscular, me costó mucho volver a ponerme de pie. Pero lo conseguí rápido, tenía a los mejores a mi lado.

Ya había terminado todo otra vez, pero esta vez pensaba que de verdad había terminado todo. Volví a mi ciudad, mi marido tenía un viaje de trabajo a París una semana y me fui con él. Ya habían pasado unas cuatro o cinco semanas de la tragedia… Me fui para no quedarme en casa llorando, para rehacer mi vida, para seguir adelante. Era la segunda vez que iba a París. Tengo muy pocos recuerdos de ese viaje, estaba aún en *shock*. Cuando volví tuve que ir al psicólogo porque tenía un bloqueo importante, no iba ni para adelante ni para atrás. Me ayudó, me ayudó mucho. Me hizo ver que la decisión que tomé fue la única que podía tomar y sacó todo lo que tenía guardado y no sabía cómo sacarlo. Lo vomité todo y empecé de cero.

Me olvidé de la maternidad, me convencí de que yo no había venido al mundo para eso. Ya había parido a mis tres hijos, ya había sido madre, y ya no había nada más que hacer. Ahora iba a ser feliz e iba a recompensar a mi gente por todos los malos ratos que les hice pasar.

La solución llegó tarde. Cómo cambió mi suerte

Un día en mi trabajo, unos dos años después de todo eso, hablando con un radiólogo de lo que me había pasado años atrás, me dijo que seguramente el problema estaba en las arterias del útero. Era la primera vez que alguien me decía algo así. Me propuso hacerme una resonancia de arterias y una ecografía *doppler* arterial del útero. Accedí, sobre todo porque durante todo ese tiempo me hacía la misma pregunta: ¿por qué si todo estaba bien? ¿Por qué me había pasado todo lo que me pasó? No podía estar todo bien, porque si lo estuviera, yo tendría a mis tres hijos en mi casa con nosotros.

En el *doppler* se vio clarísimo: tenía una malformación en una arteria del útero. No me lo podía creer, por fin sabía cuál era mi problema, por fin sabía que realmente había un motivo que provocó todo lo que había pasado. No os imagináis qué tranquilidad, qué satisfacción. Había dado respuesta a tantos años de sufrimiento.

Me operaron, me embolizaron la arteria uterina. Pasé dos días en la uci, pero todo salió bien. El cirujano que me intervino me confirmó que, tal y como estaba la arteria, si mis embarazos hubiesen seguido adelante, yo habría fallecido. Me dijo que les diese las gracias a mis hijos porque si no llega a ser por eso, jamás hubiesen dado con el problema y esa arteria, tarde o temprano, hubiera acabado por reventar y, seguramente, no lo hubiese contado. Mis hijos me salvaron la vida. Ahora sé que todo pasó por algo, todo pasó porque tenía que pasar, y ellos tenían una misión, salvarme a mí.

Después de aquello, lo volvimos a intentar un par de veces más; en total me hice nueve tratamientos. Ya no cuajó porque después de la embolización, el riego sanguíneo del útero quedó dañado y no se podía hacer mucho más, pero sí, lo volví a intentar.

No os voy a engañar y no os voy a decir que me arrepiento de todo lo que hice, no. Por el simple hecho de haber sentido esos corazones latiendo dentro de mí y por haber podido disfrutar del sonido de sus latidos, todo lo pasado mereció la pena. Pero si volviese a nacer, no perdería diez años de mi vida luchando por algo que no estaba escrito para mí.

La vida vuelve a golpear

Recuerdo un día en la playa, en la orilla, fumándome un cigarro. En ese momento era la mujer más feliz del mundo. Había dejado atrás todo lo malo, era feliz con todo lo que tenía, principalmente con la persona que tengo a mi lado, mi familia y mis amigos. Estaba pletórica y pensaba que ahora sí ya empezaba mi vida y la iba a aprovechar de todas todas. Estaba feliz, contenta. Tenía todo cuanto necesitaba, ni más ni menos. Lo que estaba era porque tenía que estar, y todo lo que se había ido o quedado en el camino era porque así debía ser.

Ese día lo recuerdo casi a diario porque fue de los más felices de mi vida. Pensé que todo había pasado y había vuelto a nacer. Era sábado. El domingo volvimos a casa y, tras la ducha, nos sentamos en el sofá para ver una película. Sin razón, sin pensarlo, sin preverlo, sin intención, mi mano se fue a mi seno derecho y me palpé un bulto. Al principio pensé que era hueso, ya que estaba muy pegado a las costillas, pero no me gustó... Estuve toda la tarde tocándolo, a veces parecía un bulto y otras veces parecía hueso. Estaba justo debajo de la mama, en el pliegue.

Tengo la suerte de trabajar en un hospital y al día siguiente me hicieron una ecografía y una biopsia. No pintaba muy bien. A los dos días se confirmaron las sospechas: era un cáncer de mama. Os podéis imaginar, otra vez mi mundo se tambaleaba. Había conseguido llegar a ese nivel de felicidad que tanto trabajo me costó y de repente otra vez se me vino el mundo encima.

Tenía cáncer, no me lo podía creer. Otra vez iba a hacer sufrir a mi familia. De nuevo tuve que enfrentarme a mirar a los ojos a mi marido y decirle: «Tengo cáncer». Tuve que llamar a mis padres y mis hermanos y darles la noticia. Yo no hacía nada más que pensar: «Dios mío, cuánto van a sufrir».

Resonancia, TAC, mamografías, ecografías, analíticas… Los días se te hacen años, es como si no corriese el tiempo, es como si el reloj se parase.

No sabíamos qué tipo de tumor tenía, si había metástasis o no… Fueron unos días horribles. Finalmente, me confirmaron que mi tumor era hormonal, positivo a estrógenos y progesterona. ¡Qué casualidad! Nueve tratamientos de fertilidad, «chutándome» hormonas como si no hubiese un mañana, y resulta que mi tumor de mama es hormonal… ¡Blanco y en botella!

Me intervinieron y me hicieron una tumorectomía, es decir, quitar el tumor y parte de la mama para limpiar bien los bordes, y quitaron los ganglios centinelas para saber si había metástasis o no. El cirujano decía que había sido un milagro que yo me palpase ese bulto; medía cinco milímetros y estaba en una zona que era imperceptible.

Cada vez tengo más claro que fueron mis hijos los que me llevaron la mano a la zona donde se encontraba el tumor. Yo no me autoexploraba, me hacía mis revisiones anuales y ya está, pero ese día mi mano se fue sola al sitio, y eso solo pudieron hacerlo ellos. De nuevo les debo la vida. Volví a tener fe, no me quedaba de otra.

Curiosamente, tuve que esperar catorce días para saber los resultados definitivos del tumor y saber si había metástasis o no. Afortunadamente, no había metástasis y se confirmó la positividad de hormonas en el tumor.

Dentro de lo malo, era de lo menos malo. Me tuvieron que dar veinticinco sesiones de radioterapia y un tratamiento por cinco años. Por prevención, me extirparon los ovarios, pues ya no servían para nada y solo podían dar problemas. Fíjate tú, las vueltas que da la vida, tantos años pendiente de ellos y haciéndolos trabajar por encima de sus posibilidades para que llegue un cáncer a mis cuarenta y tenga que acabar quitándomelos. Reconozco que me despedí de ellos y les di las gracias por todo lo que me habían dado y por lo bien que se habían portado. Me dio mucha pena, pero era lo mejor.

Me llega la menopausia, con lo que ello conlleva, y el tratamiento preventivo de cinco años tampoco es que sea muy agradable y no pone las cosas muy fáciles, pero bueno… Ahí estamos, ¡con dos ovarios!

El cáncer ha sido cogido a tiempo y seguramente no me muera de esto. Pero con todo ello, a donde quiero llegar es a lo siguiente…

¿Y qué pasa si no voy a ser mamá?

¿Soy la única que está harta de enfrentarse a la pregunta de «tú para cuándo»? Parece que no.

La actriz Maribel Verdú contó en una entrevista: «Es rara la vez que no me preguntan si voy a ser madre, y la verdad es que me parece desesperante».

La modelo Almudena Fernández tuvo claro desde siempre que no quería tener hijos. Dijo en una entrevista: «No me parece que la maternidad sea algo indispensable para sentirme completa. Ser madre es otra cosa, no "la cosa", no te da un grado más como persona. No creo que tenga más importancia que desarrollar una carrera como modelo o una ONG».

He leído frases tales como: «La esterilidad es una tragedia cotidiana para muchas mujeres», «No puedo imaginarme lo que sería de mi vida si no hubiera sido capaz de tener hijos», «Ser madre te prepara para lo que sea», etc.

Y luego estamos las que no hemos podido tenerlos a pesar de haberlo intentado. Uno de los comentarios más típicos que me han hecho es: «Tú no sabes lo que cuesta mantener a un hijo». Y yo contesto: «Lo que no sabes tú es lo que cuesta engendrarlo».

Mi camino —aunque suene a tópico— ha sido una auténtica montaña rusa que me ha llevado a pasar por todos los estados emocionales, desde la ilusión a la desesperación, pasando por la tristeza de las pérdidas.

A menudo se nos dice a las mujeres sin hijos que no sabemos lo que se siente al tenerlos. Probablemente es cierto, pero tampoco saben las madres lo que se siente cuando tienes la certeza de que jamás tendrás un hijo vivo. Y lo que entonces se abre ante nosotras, las no madres, no es el vacío, sino una vida distinta, ni mejor ni peor.

No soy un ser incompleto. He estado diez años de mi vida hormonándome con el único propósito de ser madre. Hice nueve ciclos de fertilidad aun sabiendo las consecuencias que eso me podría acarrear.

En esos diez años, sufrí, lloré, dejé en el camino a muchas personas —otras se han quedado, que son las que verdaderamente valen la pena—, pasé crisis matrimoniales debidas a mis cambios hormonales y a mis frustraciones, porque he de recordar que las hormonas te vuelven «loca», pierdes la noción de lo que es real, confundes todo, te desequilibras emocionalmente, dejas de sonreír, se te apaga la mirada, te cambia la vida. La maltratas por un deseo, por una obsesión, sin darte cuenta de lo que realmente merece la pena.

En esa etapa me agarré a un clavo ardiendo por conseguir ese objetivo de vida, hasta que me dijeron que tenía cáncer, y ahí fue cuando me di cuenta de que lo más importante es mi vida, ese es el bien más preciado que tengo, la vida.

Pasé página, conseguí definitivamente aceptar que no iba a poder criar a un hijo; digo «criar» porque madre sí soy, sí he parido y sí he tenido tres hijos. Dejé atrás todo lo malo, todos los años de sufrimiento, de dolor, de frustración, de rabia, de impotencia… Me di cuenta del tiempo perdido buscando e intentando algo que no estaba para mí. Entendí que la vida es mucho más que ser madre, que la vida es muy bonita, que no se es menos mujer por no tener un hijo. Entendí que el amor de los que nos rodean es suficiente para seguir vivos. Entendí que la vida es maravillosa y que no hay necesidad de jugársela a una sola carta. Entendí que hay que VIVIR, VIVIR Y VIVIR.

Agradecimientos

Gracias a mis padres por convertirme en la mujer que soy hoy. Os querré siempre y os estaré eternamente agradecida por todo lo que habéis hecho por mí.

Gracias a mis hermanos por ayudarme, por entenderme, por soportarme, por quererme. Somos tres en uno, ya lo sabéis.

Gracias a mi marido por aparecer en mi vida, por hacerme soñar y permitir que siga cumpliendo sueños. Te voy a querer todos los días de mi vida.

Gracias a mis amigos por estar ahí siempre. ¡Qué orgullosa estoy de teneros en mi vida!

Gracias a la vida.

Índice

Sobre la autora

Tamara Cosano Cantos (Barcelona, 1979) es abogada laboralista por la Universidad de Barcelona. Vive en Córdoba, pero por sus venas corre sangre de Puente Genil, de donde es su familia al completo. Madre de tres ángeles que velan por ella desde el cielo. Mami de sus dos perros, Chano y Pinto. Enamorada del flamenco y periquita hasta la médula.

Se decide a escribir su vivencia y compartirla con otras personas para ayudarles en este camino, tan duro a veces, de la consecución de la maternidad. También para hacer visible un tema muchas veces tabú, los tratamientos de fertilidad. Todo ello sin olvidarse de aquellas mujeres que transitan por un proceso de lucha contra el cáncer de mama.

www.ingramcontent.com/pod-product-compliance
Lightning Source LLC
LaVergne TN
LVHW041752190726
843493LV00008B/2574